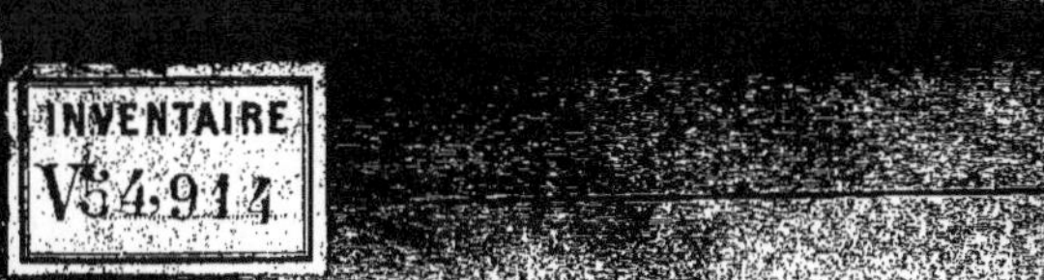

MARSEILLE

UNION DES ARTS

CRÉATION D'UN CENTRE INTELLECTUEL.
EXPOSITION PERMANENTE DE PEINTURE, SCULPTURE,
OBJETS D'ART ET DE SCIENCE.

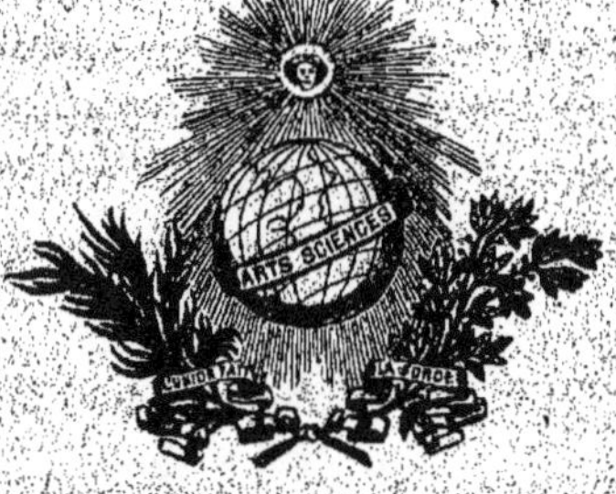

MARSEILLE
TYPOGRAPHIE ET LITHOGRAPHIE ARNAUD ET COMPAGNIE
Rue Cannebière, 10.

1862

MARSEILLE

UNION DES ARTS

CRÉATION D'UN CENTRE INTELLECTUEL.
EXPOSITION PERMANENTE DE PEINTURE, SCULPTURE,
OBJETS D'ART ET DE SCIENCE.

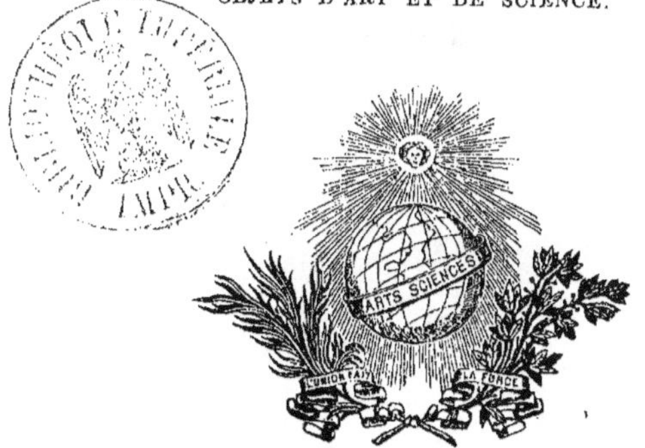

MARSEILLE
TYPOGRAPHIE ET LITHOGRAPHIE ARNAUD ET COMPAGNIE
Rue Cannebière, 10.

1862

UNION DES ARTS

EXPOSÉ GÉNÉRAL.

Tandis que le progrès se fait jour de toute part à Marseille, et que les belles inventions de la science moderne y reçoivent à chaque instant dans l'industrie de nouvelles et utiles applications; tandis que les embellissements de notre grande cité suivent le mouvement ascensionnel de sa richesse commerciale, de sa population, et que chaque jour enfin amène une nouvelle conquête de la civilisation présente sur la routine du passé, les arts seuls restent stationnaires, plongés dans un lourd engourdissement qu'ont vainement tenté de secouer les diverses sociétés d'encouragement artistique qui ont pris à tâche d'amener parmi nous les œuvres des maîtres et d'y propager le culte du beau.

Le zèle incessant qu'ont déployé leurs promoteurs dévoués, leurs adhérents les plus fervents, a certainement produit de très-heureux résultats, nous ne saurions trop le reconnaître.

Infatigables autant que courageux pionniers de l'art, ils se sont mis hardiment à défricher une terre inculte ; ils ont entrepris une incessante lutte de l'intelligence contre la matière, et, grâce à leurs persévérants efforts, les germes féconds des aspirations et des goûts artistiques ont été répandus, semés partout ; il est temps de faire naître, de développer ces germes ; à cette œuvre plus laborieuse encore, il faut des efforts plus opiniâtres, une volonté plus énergique ; il faut un concours plus puissant d'heureuses circonstances morales et matérielles pour arriver à récolter une ample moisson des fruits de tant de tentatives et de labeurs.

Il faut que l'œuvre de régénération déjà si avancée et qui s'accomplit fatalement, entraîne dans sa marche progressive, dans son continuel envahissement, le culte si beau des œuvres de l'intelligence.

Il faut, enfin, que l'encouragement de tout ce qui tient au domaine intellectuel acquière dans Marseille un développement digne d'une aussi grande ville, où abondent tant de ressources intellectuelles, où les ressources matérielles n'ont jamais fait défaut.

Le but que nous nous proposons d'atteindre, en écrivant les quelques pages qui vont suivre, est seulement d'expliquer à l'aide de quels nouveaux efforts il serait possible de créer à l'encouragement des arts et des sciences de nouveaux éléments d'activité, une expansion plus grande encore ; comment on pourrait tenter le réveil artistique de Marseille et inaugurer dans son sein une ère nouvelle de progrès et de prospérité intellectuelle.

Si, grande est l'œuvre à laquelle nous nous sommes voué, difficile est la tâche que nous abordons en ce moment; le courage assurément nous manquerait si les témoignages de sympathie qui ont accueilli le projet de notre création ne nous permettaient d'attendre de nos lecteurs toute leur indulgence pour l'imperfection de cet exposé.

Nous avons peut-être trop compté sur leur bienveillance habituelle, puissent-ils nous l'accorder encore cette fois !

I.

État actuel des diverses Sociétés libres d'Encouragement de Marseille.

Les diverses sociétés libres d'encouragement qui ont successivement pris naissance dans Marseille ont eu pour objet : les unes de contribuer dans la limite de leur ressources au progrès des arts, les autres au progrès des sciences.

Les hommes dévoués et intelligents qui, tour à tour, se sont succédé dans la direction de ces sociétés n'ont cessé de déployer le plus grand zèle pour étendre leur action au dedans comme au dehors, pour veiller au maintien de leurs bonnes traditions, pour accroître le nombre de leurs adhérents.

Tant d'efforts persévérants ont amené ces sociétés à produire plus peut-être qu'on n'attendait d'elles à l'époque de leur création ; elles ont fait beaucoup sans doute, mais il reste à faire encore ; tout a été tenté, il est vrai, dans la limite de certaines réglementations traditionnelles ; les progrès successivement faits ont conduit à un point qu'on ne peut franchir qu'en abandonnant la routine du passé et en abordant des combinaisons nouvelles, qu'en dirigeant des forces plus vives à travers une voie non encore frayée pour arriver à des résultats utiles, plus considérables et mieux appropriés aux moyens intellectuels de l'époque, à l'importance, aux goûts éclairés et à la richesse de la population marseillaise.

Qu'on nous permette de jeter tout d'abord un rapide coup-d'œil sur la situation actuelle de l'encouragement artistique dans Marseille. Nous serons ainsi conduit, par une transition naturelle, au cœur même du projet qui fait l'objet de ces notes, projet vers la réalisation duquel nous marchons à grands pas, et dont le succès permettrait de concevoir les espérances les mieux fondées pour l'avenir intellectuel de notre ville.

Les Sociétés libres qui se sont vouées à la noble mission de propager parmi nous le goût des arts et des sciences sont en très-petit nombre ; nous les aurons bientôt nommées.

Ce sont :

La Société Artistique des Bouches-du-Rhône ;

La Société d'Horticulture de Marseille ;

La Société libre d'Emulation de Provence ;

La Société Photographique de Marseille ;

La Société d'Economie politique.

Quel est le but de ces diverses sociétés? Quels sont leurs moyens d'action, leurs ressources ? C'est ce que nous allons essayer d'exposer rapidement.

La Société Artistique des Bouches-du-Rhône, d'abord appelée Société des Amis des Arts de Marseille est celle qui, de toutes, est la plus ancienne.

Son action est semblable à celle de la plupart des Sociétés Artistiques dont le nombre est déjà assez grand en France.

Organiser annuellement une Exposition temporaire de peinture ; affecter à l'achat d'un certain nombre de tableaux une somme prélevée sur ses recettes annuelles, et répartir ces tableaux entre ses souscripteurs par la voie du tirage au sort; favoriser par ces expositions la vente de quelques-unes des œuvres exhibées aux yeux des amateurs ; propager ainsi le goût du beau en encourageant les artistes ;

Tel est, en quelques mots, le but que poursuit avec zèle et succès la Socitété Artistique. Là est son œuvre entière ; son action est limitée, elle ne peut faire davantage.

La Société d'Horticulture de Marseille a

pour but, son nom l'indique, d'encourager toutes les productions utiles ou agréables du règne végétal.

L'utilité pratique de cette société est incontestable ; des séances mensuelles, des expositions annuelles sont les moyens à l'aide desquels elle s'efforce de répandre le goût de la culture des plantes, de propager les espèces utiles, de favoriser enfin le progrès de tout ce qui a trait à cette étude si intéressante et si riche en résultats féconds.

LA SOCIÉTÉ LIBRE D'ÉMULATION DE PROVENCE est de création toute récente. Il manquait à Marseille et dans la Provence une société purement scientifique ayant pour objet, non seulement d'exciter l'émulation des hommes éclairés qu'elles renferment, par la publication spéciale de leurs œuvres, mais encore de représenter à la fois l'ensemble des diverses sciences, de rassembler une collection de documents spéciaux relatifs à chacune d'elles, de leur créer un centre d'activité, des moyens de vulgarisation.

Telle a été la pensée qui a donné naissance à une institution dont la place était naturellement marquée en tête des progrès à réaliser parmi nous.

LA SOCIÉTÉ PHOTOGRAPHIQUE DE MARSEILLE, elle aussi, est très-jeune. Bien qu'elle représente une science modeste, elle peut, par l'encouragement qu'elle a pour but de lui donner, contribuer à lui ouvrir de plus vastes horizons, à la transformer en une science vraiment utile, au sein de laquelle les arts et l'industrie trouveront un de leurs plus puissants auxiliaires.

Pour atteindre son but, cette société réunit chaque mois tous ses membres ; elle organise des expositions spéciales de toutes les œuvres, appareils et applications de la photographie.

Elle ne néglige rien enfin pour procurer aux amateurs et aux praticiens de Marseille toutes les ressources spéciales qui peuvent leur faciliter l'étude ou la pratique de cet art intéressant.

La Société d'Économie politique existe depuis quelques mois seulement. Elle a pour but de réunir tous les hommes voués à l'étude de nos institutions sociales.

Cette société organise des conférences dans lesquelles un champ libre est ouvert à la discussion, où chacun de ses membres apporte son contingent d'idées, d'observations ou de recherches.

Une même inspiration anime ces associations ; le but qu'elles poursuivent est identique : toutes tendent vers le progrès.

Mais réunissent-elles jamais leur action ; y a-t-il permanence dans leur activité ; ont-elles un centre commun ; forment-elles un faisceau de tous leurs efforts pour atteindre, avec l'appui d'une force plus grande, le but de toutes leurs tentatives ?

Non.

Chacune d'elles jusqu'à ce jour a agi isolément, ne comptant, ne pouvant compter que sur ses propres forces pour se diriger, sans le concours des autres sociétés, vers l'accomplissement de sa mission spéciale.

Comment, d'ailleurs, auraient-elles pu se réunir en vue d'un but commun, alors qu'aucune d'elles ne possède un centre d'action indépendant, alors qu'elles n'ont d'activité réelle, à vrai dire, que les jours de leurs réunions, que durant le temps de leurs expositions ; alors qu'aucun lien, aucune solidarité n'existent entre les membres de ces diverses familles qui devraient pourtant se tenir de si près.

Il n'est pas, en effet, une seule des cinq sociétés que nous venons de mentionner qui ne soit obligée de recourir à l'emprunt du local où ont lieu les réunions de ses membres ; c'est qu'aucune, parmi elles, n'a des ressources suffisantes pour subvenir aux frais d'une installation permanente, d'un siége propre, indépendant.

La Société Artistique a compris depuis longtemps que son action était trop limitée, que son existence bornée, pour ainsi dire, à la durée de ses expositions annuelles, deviendrait constante si elle parvenait à avoir un local à elle, centre de réunion et d'exposition, où ses membres, où les amis des arts pourraient se rencontrer, se réunir, lire, consulter les publications artistiques, admirer telle toile acquise par la société ; musée privé, dont les richesses artistiques et la valeur pécuniaire allant croissant avec le temps, créerait à cette association un avoir autour duquel se grouperait toujours un certain nombre d'adhérents, de co-propriétaires.

Pourquoi la Société Artistisque n'a-t-elle pu réaliser cette pensée depuis si longtemps exprimée dans son sein, et qui avait rencontré un si zélé et si ardent promoteur dans M. Marcotte, l'honorable prédécesseur de M. de Surian, son digne président actuel?

C'est que les ressources de la Société Artistique n'ont jamais paru suffisantes à sa commission administrative pour faire face aux dépenses qu'exigerait une installation permanente; aussi, a-t-elle dû reculer devant une impossibilité matérielle et attendre des circonstances plus propices.

La Société Artistique a donc été dans l'obligation de solliciter annuellement la cession temporaire, par la municipalité, du Musée de la ville, pour y installer ses expositions au détriment même des richesses artistiques que contient cet établissement, malheureusement cachées pendant quatre mois de l'année aux regards des visiteurs et des élèves.

C'est à la ville qu'elle doit aussi le modeste local qui lui sert de secrétariat dans une des ailes de la Bibliothèque municipale.

La Société d'Horticulture qui arriverait à produire les résultats les plus utiles, si elle pouvait créer une exposition permanente de produits horticoles afférents à chaque mois, à chaque saison de l'année, dans une serre constamment ouverte aux amateurs, aux jardiniers, au public enfin, est obligée, faute de ressources suffisantes, de restreindre son action, d'imposer des bornes à son activité.

Elle a, jusqu'à ce jour, usé de la bienveillante hospitalité que lui a si gracieusement offerte son président dévoué, M. Lucy, en mettant à sa disposition exclusive une des salles de son hôtel.

Est-ce là une condition de stabilité suffisante? Cette société, même au prix de sacrifices lourds pour son budget annuel, pourrait-elle jamais organiser un local favorablement situé, répondant à toutes les exigences requises par le but spécial qu'elle poursuit avec tant de zèle; pourrait-elle faire face aux frais d'un personnel suffisant? Cela nous paraît impossible dans l'état actuel d'isolement de cette société.

La Société libre d'émulation de Provence, à la création de laquelle se rattache le nom bien connu du savant professeur de géologie de la Faculté des sciences de Marseille, M. Coquand, son président, a son siége dans cet établissement public, dont le grand amphithéâtre est ouvert à ses réuions mensuelles, grâce à la bienveillance de M. le doyen.

C'est là un service que reconnaît cette société; mais elle sent aussi que son existence se trouve à la merci des circonstances, qu'il lui manque une indépendance réelle : elle n'est pas chez elle.

Ce que nous venons de dire au sujet de ces trois sociétés, est également vrai pour la Société Photographique de Marseille.

Obligée d'user de l'hospitalité que son secrétaire est heureux de pouvoir lui offrir, elle manque de la principale des conditions de vitalité qui pourrait assurer son existence et accroître ses moyens d'action.

Comme la Société artistique, elle est privée d'un centre où se réuniraient ses membres, où elle organiserait ses expositions spéciales, où ses adhérents pourraient se rencontrer, échanger leurs idées, se communiquer les résultats de leurs travaux, où elle aurait ses laboratoires, ses collections.

Assurément, bornée à ses ressources actuelles, elle ne pourrait soutenir le poids des dépenses qu'exigerait une installation de ce genre, indispensable pourtant à la stabilité de son existence, condition essentielle de son utilité pratique.

La Société d'Économie politique n'a besoin que d'une simple salle pour ses conférences, qui ont lieu deux fois par mois; mais, comme nous l'avons dit plus haut, cette société est de création toute récente; le nombre de ses adhérents, encore assez restreint, ne pourra guère dépasser une certaine limite, parce que cette science morale touche de moins près que les autres aux applications pratiques.

Elle ne peut donc compter sur ses minimes ressources pour avoir une salle exclusivement affectée à ses réunions.

Grâce à l'accueil hospitalier que lui avait fait la Société départementale d'agriculture dans son local, la Société d'Économie politique a pu tenir jusqu'à ce jour des conférences régulières; mais cette hospitalité ne devait avoir qu'un temps. On vient d'enjoindre à nos économistes de chercher un autre lieu de réunion; une pareille injonction pourrait être un coup de mort pour cette société intelligente.

Tel est en résumé l'état actuel de nos sociétés libres d'encouragement. Leur sort est à la merci des administrations ou des hommes qui veulent bien les accueillir ; elles vivent au jour le jour, pour ainsi dire, sans certitude du lendemain ; leurs tentatives ne peuvent avoir cette force que donne une foi assurée dans l'avenir ; entre elles, pas de rapprochement, nous le répétons, pas de communauté d'idées ou d'action ; dans aucune circonstance, les hommes qui les dirigent ne sont amenés à s'entendre, à se concerter, à unir, même pour un instant, leurs intelligences, leurs efforts, leurs ressources spéciales. Chacun se dirige vers son but sans avoir souci de la marche des autres ; parfois même une certaine rivalité s'élève entre quelques-unes de ces sociétés, comme si un lien fraternel ne devait pas les unir étroitement, comme s'il pouvait y avoir entre les vrais amis des arts un autre genre de lutte que celle qui naît d'une louable émulation, du seul désir de se montrer plus dignes, par des travaux et des résultats de plus en plus utiles, de la sympathie et de l'appui de tous.

Pour tout homme réellement dévoué au progrès des arts et des sciences, le tableau de la situation présente des sociétés d'encouragement de Marseille est navrant.

On ne saurait voir, sans regret, qu'elles soient privées des moyens indispensables à une action complète, qu'elles n'aient encore réussi, malgré l'abondance des ressources qu'elles pourraient puiser dans Marseille, à donner une plus grande impulsion à l'encouragement intellectuel.

La Société Artistique, par exemple, compte déjà

un assez grand nombre d'années d'existence ; mais, depuis longtemps, elle est dans un état stationnaire ; le nombre de ses adhérents se maintient au chiffre de douze à quinze cents, et cette limite, si restreinte pourtant, ne peut être dépassée dans une ville de plus de trois-cent mille habitants, alors que la quotité exigée des souscripteurs varie entre dix ou vingt francs seulement.

D'où vient cette indifférence? Pourquoi, malgré les démarches actives de sa commission administrative, le nombre de ses adhérents reste-t-il toujours le même, alors que tant de noms, appartenant à des familles notables de notre ville, manquent encore à ses listes de souscription?

Ce *statu quo* vient évidemment de ce que son œuvre est incomplète, de ce que les éléments d'activité dont elle dispose sont insuffisants, de ce que ses expositions, quelque intéressantes qu'elles puissent être, ne lui créent pas des relations artistiques assez étendues, assez directes ; de ce que son existence se borne à la durée d'une exposition annuelle, dont le faible retentissement entraîne peu de visiteurs, et ne contribue nullement à créer à Marseille un véritable renom artistique; de ce que son action enfin se heurte, pour ainsi dire, contre la concurrence des autres sociétés qui, à leur insu, et par le fait d'une organisation similaire, vicieuse aussi, deviennent des obstacles sérieux à son développement.

Les soutiens de la Société Artistique désireraient, sans doute, voir en elle le centre d'une force plus énergique; ils éprouveraient une plus grande satisfaction à faire partie d'une institution vraiment active, sans cesse préoccupée du sort actuel et de l'avenir des arts; ne négligeant rien pour les faire briller d'un vif éclat dans Marseille, pour leur créer un véritable foyer, un centre où pourraient être dignement reçus, admirés, fêtés maîtres et œuvres; prenant l'initiative dans toutes les circonstances où la noble cause des arts serait en jeu.

Ils aimeraient appartenir à une institution artistique centralisée à Marseille, mais généralisée assez pour que des rapports entre elle et les autres sociétés similaires pussent être continuellement échangés; être membres d'une association puissante vers laquelle les artistes de toutes les parties de la France et ceux aussi des nations voisines feraient converger leurs œuvres, leurs communications diverses.

Ainsi organisée, cette société prouverait, sans peine, que son but ne se borne pas à exhiber quelques tableaux à une époque déterminée de l'année, à acheter ou à faire vendre quelques toiles; moyen bien incomplet, assurément, d'encourager les arts et les artistes, puisque l'encouragement réel, en ce cas surtout, est pour les marchands de tableaux ou intermédiaires.

La Société Artistique aurait alors le droit de prétendre à un nombre d'adhérents plus considérable; nul n'oserait lui refuser le minime concours annuel de dix francs, alors qu'on la verrait soutenir son œuvre par d'actives démarches et produire des résultats d'une incontestable utilité; le nombre de ses souscripteurs s'accroîtrait bien certainement dans une proportion quintuple; les visiteurs de ses expositions, les acheteurs de tableaux obéiraient à une égale progression. Lá Société Artistique aurait pour elle l'appui d'une sympathie plus générale; elle deviendrait une institution forte, influente, dont le retentissement s'étendrait au loin, dont les artistes brigueraient la haute sanction, dont l'utile concours serait sollicité par les autres sociétés. Marseille alors brillerait par les arts comme par le commerce et s'élèverait, par le culte de l'intelligence, à une hauteur digne de son passé, digne de son importance actuelle.

Qu'on nous pardonne cette trop longue digression au sujet d'une association dont nous accusons seulement les statuts mais non les administrateurs. Nous sommes heureux de pouvoir témoigner du zèle qu'ils apportent à l'accomplissement de leur mandat; dans la limite de leurs obligations, ils n'ont cessé de faire les plus grands efforts en vue du succès de leur œuvre, et s'ils n'ont pas fait davantage, c'est qu'il ne leur a pas été permis de s'écarter des bornes imposées par les traditions mêmes de leur société.

Notre but était de démontrer qu'au point de vue de cette seule société il y a beaucoup à faire encore.

D'ailleurs, ce que nous venons de dire relativement à la Société Artistique peut se rapporter aussi à chacune des autres associatons; l'absence de ressources suffisantes, l'isolement, le défaut d'un

2

centre, leur imposent une action limitée qu'il leur est bien difficile, sinon impossible, de développer.

L'existence simultanée de plusieurs sociétés d'encouragement, prélevant, chacune, un impôt spécial sur des souscripteurs souvent appelés à faire partie, en même temps, de plusieurs de ces sociétés, est déjà pour elles un grave motif d'insuccès.

Il n'est pas étonnant, en effet, que bien des personnes, amies des arts pourtant, puissent refuser le minime concours, qui, demandé de toute part, devient multiple et onéreux. La crainte de se voir comme obligé de donner à plusieurs, fait qu'on refuse à toutes. On hésiterait peu à donner une somme de dix ou vingt francs par an, mais à la condition de ne pas se voir sollicité chaque jour par des sociétés diverses, à l'œuvre desquelles on est complétement étranger, et dont souvent même on ne connaît l'existence que par la dépense personnelle qu'elles occasionnent.

Il y a là un vice radical, auquel certaines combinaisons que nous espérons pouvoir réaliser plus tard, permettraient de remédier entièrement.

Rien ne nous paraît fâcheux comme la division des ressources de chacune des sociétés, et nous avons la conviction, par une réforme bien simple, que nous indiquerons quand il en sera temps, d'arriver à accroître leur budget total dans une proportion double ou triple de ce qu'il est actuellement. L'encouragement, alors débarrassé des entraves matérielles qui limitent son action, produirait les fruits les plus utiles en contribuant sérieusement au progrès des arts et des sciences, et l'on n'aurait plus le droit d'affirmer ici, comme partout, que Marseille *est une ville où les arts sont délaissés, où la matière domine l'intelligence, où les œuvres de l'esprit ne sont appréciées qu'au point de vue de ce qu'elles peuvent rendre.*

Si nous avons signalé ce qui nous paraît vicieux dans l'état actuel de nos sociétés libres d'encouragement, c'est dans le seul but de placer le remède à côté du mal. Si nous avons osé critiquer, c'est parce que tous nos efforts tendent à faire mieux; c'est parce que nous ne reculons devant aucune tentative pour améliorer dans Marseille le sort des arts et des sciences, pour consolider l'existence des sociétés qui les encouragent.

II.

Nécessité d'améliorer cette situation. — Motifs qui ont inspiré la création de la société l'UNION DES ARTS.

Nous venons d'exprimer le regret que nos diverses sociétés d'encouragement fussent privées, faute de ressources suffisantes, de centres indépendants où auraient lieu leurs réunions, où se trouveraient leurs salles d'exposition et de collections, leurs laboratoires, leurs secrétariats et bibliothèques.

Chacun voudra bien convenir avec nous que l'obligation où elles sont de recourir sans cesse à l'emprunt de leurs locaux est une des principales causes de leur malaise relatif.

Leur œuvre, nous l'avons dit, ne peut être complète; la première des conditions de vitalité leur fait défaut.

Nous avons dû chercher tout d'abord un moyen d'assurer l'existence de nos sociétés en leur procurant l'abri qui leur manque, en leur créant un centre indispensable à leur action, à leur développement, condition essentielle de la permanence de leurs traditions.

L'examen des ressources spéciales afférentes à

chaque société nous a bientôt démontré qu'aucune d'elles ne pourrait, dans l'état actuel, suffire aux frais d'une installation permanente, en rapport avec les nécessités d'un encouragement complet.

Mais nous avons acquis la conviction que l'union des efforts combinés de toutes ces sociétés conduirait inévitablement au but que nous nous proposons d'atteindre; il nous a paru évident que, grâce à une entente commune, on arriverait, non seulement à réaliser la possession d'un centre spécial entièrement affecté aux travaux des diverses sociétés, mais encore à combler les lacunes qui existent dans leur œuvre d'encouragement.

Nous avons été amené ainsi à diriger nos réflexions et nos démarches vers la recherche d'un local unique, susceptible de devenir le centre d'action de toutes nos sociétés.

Cette idée nous a paru contenir les germes d'un avenir artistique, digne de Marseille.

A l'isolement si stérile et si regrettable qui divise ces sociétés, succéderait, ainsi, une union féconde en heureux résultats, par la force qui en naîtrait. Réunies sous le même toit, dans un centre commun, elles seraient naturellement amenées à s'entendre dans bien des circonstances; les hommes dévoués qui composent leurs comités administratifs seraient appelés à se rencontrer souvent, à se connaître, à s'entr'aider.

Bien des efforts pourraient être partagés, bien des détails d'organisation simplifiés, des rouages administratifs supprimés; bien des mesures économiques deviendraient la conséquence de cette action collective, sans qu'aucune des sociétés fût atteinte dans son indépendance, sans qu'aucune d'elles pût redouter d'être détournée de son but spécial, de perdre sa propre individualité.

Qui pourrait douter qu'une union semblable ne pût amener, avec une force plus grande, une somme plus considérable de résultats utiles?

Personne, assurément.

C'est pourquoi, fort d'une conviction partagée par tous, avons-nous cru devoir entreprendre cette œuvre de rapprochement et de concentration, en un seul local, de nos diverses sociétés d'encouragement, certain d'amener, par ce seul fait, l'union intime des intelligences, des dévoûments qui marchent à leur tête.

Cette œuvre difficile nous l'avons entreprise avec cette résolution qu'inspire une pensée sympathique à tous et qu'appuie une volonté énergique, avec cette force que donne une foi assurée dans le succès. Nous avons proportionné notre vouloir à la grandeur de l'œuvre, et nous avons senti qu'une persévérance opiniâtre basée sur un dévoûment absolu, sur une entière abnégation de nous-même, nous conduirait certainement au but de nos efforts.

En entrant aussi résolûment dans la carrière, nous n'avons pas compté sur nos faibles forces, mais bien sur l'appui de tous nos concitoyens.

Que notre foi en eux ne surprenne personne ! On a tort d'accuser les habitants de Marseille d'une antipathie pour les arts qui n'existe chez eux qu'à la superficie ; elle trouve son excuse dans les préoccupations commerciales qui les ont sans cesse détournés du culte pratique de l'intelligence.

On aime les arts à Marseille comme partout ailleurs ; mais il y a dans cette ville moins d'oisifs que dans aucune autre. Il est donc nécessaire que, là, plus que partout, une association fraternelle rapproche, dans le même but, les rares hommes auxquels leurs occupations laissent quelques loisirs, auxquels leurs aptitudes spéciales permettent de travailler utilement à l'encouragement artistique, de contribuer aux progrès des sciences.

Il faut à Marseille, plus qu'ailleurs, qu'une direction active veille avec sollicitude sur tout ce qui concerne la cause de l'intelligence, qu'aucune des occasions qui permettraient d'attirer l'attention de ses habitants sur les ouvrages d'arts remarquables, de créer des relations directes entre les notabilités de l'intelligence et la population, ne soient négligées.

Il faut que les commerçants puissent trouver le culte de l'art facile, agréable, qu'ils n'aient pas à se déranger de leurs affaires pour se vouer à la pratique de ce culte, que des sociétés sans nombre ne viennent pas, sous le manteau d'un but mal défini, frapper chaque jour un nouvel impôt sur une foule de gens indifférents à leur œuvre, utile peut-être, mais, assurément, étrangère au plus grand nombre.

On a reproché bien souvent à la partie riche de la population marseillaise de prodiguer l'or en dépenses de pures satisfactions matérielles, et de refuser la plus modique subvention à l'encouragement artistique. Nous ne saurions approuver ce refus, mais nous le comprenons : il est fondé sur les motifs que nous venons d'énumérer.

Nous pourrions prouver déjà, qu'en présence d'une œuvre grande et vraiment digne de Marseille, on aurait rarement le droit de leur adresser un pareil reproche. Les faits ultérieurs viendront à l'appui de notre affirmation.

Tous ces préliminaires, un peu longs sans doute, nous ont paru nécessaires pour démontrer que nous n'avons pas pour mobile le seul désir d'innover, mais bien la conviction de produire une œuvre utile, en améliorant l'état de nos sociétés d'encouragement, en comblant bien des lacunes regrettables dans les institutions intellectuelles de Marseille, en dotant notre ville d'un centre d'action artistique, en amenant dans ce centre, grâce à l'activité incessante d'une direction éclairée, et avec le concours combiné de chacune des sociétés spéciales, tout ce qui, dans le domaine du beau, pourra charmer l'esprit en moralisant le cœur, en un mot, tout ce qui pourra procurer à ses habitants les nobles délassements de l'intelligence.

Nous avons cru devoir expliquer, avant tout, les motifs qui nous ont conduit à fonder, avec l'appui sympathique de bien des personnes dévouées à l'œuvre que nous poursuivons, la société UNION DES ARTS, dont nous allons bientôt définir le but, en indiquant ensuite les voies et moyens à l'aide desquels elle espère pouvoir assurer la stabilité de son existence et de sa prospérité.

III.

But de la société UNION DES ARTS. — Concentration des sociétés d'encouragement en un local unique. — Installation dans ce local d'une salle destinée à des Expositions permanentes ou périodiques.

Tout ce que nous venons de dire implique d'une manière générale le but vers lequel l'Union des Arts doit diriger ses premiers efforts.

La voie est toute tracée : d'abord, par l'effet de l'union, améliorer ce qui existe déjà, compléter ensuite l'œuvre des sociétés actuelles, et combler les lacunes qu'on regrette dans l'encouragement intellectuel à Marseille.

La première des conditions à réaliser, avant de tenter des innovations, consistait à obtenir des diverses sociétés libres leur réunion dans un local unique.

Après quelques mois de démarches persévérantes, il nous a été permis de compter avec certitude sur l'adhésion de chacune d'elles à nos propositions.

Le local destiné à devenir provisoirement le siége

unique des sociétés d'encouragement a été définitivement arrêté ; il est heureusement situé sur la plus belle et la plus fréquentée de nos promenades (1).

Il est susceptible de s'approprier aux exigences de sa nouvelle affectation. Les travaux de transformation sont conduits avec activité; chaque société trouvera dans son sein des conditions économiques les plus exceptionnelles, son secrétariat et sa bibliothèque, une salle de réunion pour ses séances périodiques, pour ses expositions, pour des *lectures*, des cours pratiques spéciaux.

Le rôle qu'aura à remplir vis-à-vis de l'UNION DES ARTS chacune des sociétés adhérentes sera déterminé d'un commun accord entre elles et la direction générale, toutes les fois que leur concours pourra être utile à l'œuvre d'ensemble.

La gérance de l'UNION DES ARTS traitera directement avec les sociétés diverses pour tout ce qui concernera le côté matériel de leur installation dans le local, et de leur orgnanisation administrative, s'il y a lieu.

La direction de l'UNION DES ARTS pourra, dans un but économique, leur offrir la coopération de son personnel pour effectuer leurs recettes respectives, pour faire dresser et pour envoyer à leur destination toutes leurs lettres de convocation et leurs circulaires diverses.

Grâce à ces agents, occupés d'une manière per-

(1) Allées de Meilhan, n° 54, en face de la Faculté des Sciences.

manente à ce travail spécial, dont ils auront bientôt l'habitude, les sociétés verront le service de leur administration s'accomplir avec une grande régularité et avec moins de frais.

Les présidents et les secrétaires de chaque commission administrative, moins préoccupés alors des détails et des soins matériels qu'entraîne la comptabilité de leurs sociétés, pourront consacrer plus utilement leurs loisirs à l'œuvre d'encouragement et de propagation artistique ou scientifique à laquelle ils se sont si généreusement voués.

Dans les plans de transformation du siége de l'Union des Arts, dont nous avons indiqué, plus haut, l'heureuse situation, figure une grande salle de trois cents mètres carrés environ de surface, située au rez-de-chaussée et éclairée par un jour direct.

Cette vaste salle sera affectée aux diverses expositions que doit organiser la direction de l'Union des Arts, par sa propre initiative, et grâce à l'utile et bienveillant concours des sociétés, lesquelles pourront y faire aussi leurs expositions.

Une exposition permanente de peinture, sculpture, objets d'art ou de science y sera inaugurée. La direction de l'Union des Arts ne se dissimule pas les difficultés d'une pareille tentative; aussi a-t-elle la ferme résolution, pour atteindre le succès qu'elle ambitionne, de déployer la plus grande activité, de ne négliger aucun effort, dans le domaine du possible, pour arriver à doter Marseille d'une institution permanente aussi utile, et qui aura pour effet immédiat d'y répandre davantage le goût des arts.

Cette grande salle rendra de précieux services dans notre ville, où il n'en existe encore aucune que l'on puisse convenablement disposer et affecter spécialement au culte du beau.

Personne n'ignore, en effet, qu'aucune exposition artistique, aucun concert, aucune séance publique, dus à l'initiative privée, ne peuvent avoir lieu dans des locaux indépendants et sans que cela soit au détriment même du service spécial auquel sont affectés les locaux empruntés; concessions temporaires qu'il faut parfois longuement et vainement solliciter, et que l'on ne parvient qu'à l'aide de grands frais à approprier à leur destination momentanée, en déployant une activité capable de lasser les hommes les plus dévoués, et dont les effets sont bientôt détruits, alors qu'ils seraient si utiles à l'œuvre poursuivie, s'ils produisaient des résultats durables.

Cette grande salle sera le digne et indispensable complément du siége de l'UNION DES ARTS.

Ouverte chaque jour au public, à la curiosité duquel de nouveaux attraits seront continuellement offerts par le renouvellement incessant de l'exposition artistique, par la variété des objets scientifiques que la direction de la société parviendra à se procurer pour les exposer temporairement, elle deviendra, pour le centre des sociétés elles-mêmes, un des éléments de vitalité les plus certains; on aimera à la fréquenter parce qu'on aura la certitude d'y rencontrer, presque toujours, quelque ami, quelque confrère en art ou en science.

Rien ne sera négligé pour rendre cette salle et ses dépendances aussi agréables que possible, pour que tout y soit plaisir, distraction, repos. On s'y instruira ainsi sans fatigue ; on y suivra pas à pas la marche des progrès scientifiques ; on y comptera toutes les victoires de la civilisation sur la matière.

Des spécimens relatifs à toute découverte nouvelle y seront tour à tour exposés ; les produits naturels de tout genre, les merveilles scientifiques ou artistiques de toutes les parties du monde, quand on pourra les posséder temporairement, y recevront une continuelle hospitalité.

Des séances publiques viendront, à l'appui de ces exhibitions scientifiques, donner une connaissance plus intime de ce que les yeux auront vu.

Ainsi, chacun suivant ses goûts, son aptitude, sa spécialité, trouvera un véritable intérêt à visiter ces expositions ; chacun en emportera une somme de connaissances nouvelles.

Les sciences naturelles, minéralogiques, géologiques, horticoles, etc., etc., trouveront dans la salle de l'UNION DES ARTS, un lieu des mieux disposés pour étaler aux yeux du public leurs merveilleuses richesses, leurs utiles produits.

L'horticulture surtout, cette science si généralement répandue déjà et à laquelle tant de personnes s'adonnent dans une certaine limite, est susceptible, malgré ses progrès continuels, de bien des perfectionnements encore. Les faits nouveaux, qui chaque jour viennent l'enrichir, ne sont connus que d'un petit nombre, malgré les brochures partout publiées, qui les relatent. On lit peu généralement, on aime mieux voir.

Une exposition permanente des produits horticoles rendra de grands services aux amateurs comme aux praticiens de cette belle science : fleurs, fruits, toutes plantes d'utilité ou d'agrément trouveront là chaque jour, au moment de leur épanouissement ou de leur maturité, à l'heure où elles offriront un véritable intérêt, un lieu d'exposition convenable, bien éclairé, suffisamment aéré.

Des bassins y seront ménagés de manière à recevoir, au sein de leur élément, les espèces aquatiques.

Tout enfin, par les efforts incessants de la direction, tendra à suivre les progrès de la société, et à s'améliorer avec l'accroissement de sa prospérité.

Sans nous étendre davantage sur les combinaisons infinies auxquelles donnera naissance et se prêtera admirablement l'installation dont nous venons d'esquisser le plan d'ensemble, nous pouvons nous résumer en disant que tout ce qui concerne les arts et la science sera appelé à orner continuellement ce temple toujours ouvert aux artistes, aux savants et au public.

Le plan de l'organisation générale de l'Union des Arts étant susceptible de suivre la marche ascendante de la civilisation dans la voie de progrès où elle s'est engagée, ce plan se modèlera sur les circonstances, se modifiera suivant qu'il y aura lieu, mais en demeurant immuable dans sa généralité comme dans son but d'ensemble.

Favoriser par tous les moyens possibles le culte de l'intelligence, encourager ses adeptes, répandre, propager ses œuvres, servir de trait-d'union continuel entre une minorité savante et une majorité désireuse de s'instruire, rendre la tâche facile à tous, voilà toute son ambition.

IV.

Rôle de l'UNION DES ARTS comparé à celui des autres sociétés. — Membres titulaires, — correspondants, — organisation morale et intellectuelle de cette Société. — Syndicat des sociétés d'encouragement.

Le centre une fois trouvé, les salles d'exposition et de réunion, les dépendances diverses convenablement disposées, tout reste à faire encore à l'Union des Arts dont l'action doit être incessante ; son rôle différera beaucoup de celui des autres sociétés spéciales : tandis que celles-ci, désormais à l'abri de tout souci matériel, n'auront à se préoccuper que d'avancer le plus possible vers le progrès moral de leur spécialité, l'autre, la grande association, s'efforcera de pourvoir à tout, d'applanir les difficultés de détail ; elle harmonisera le mouvement d'ensemble, concentrera les ressources comme les idées pour les diriger dans le sens le plus convenable à l'encouragement général ; elle ouvrira des issues à toutes les tentatives d'une heureuse initiative, en faisant converger vers elle toutes les sociétés savantes qui voudront s'associer à son œuvre, toutes les notabilités du monde intellectuel, qui l'appuieront de leur patronage.

Les sociétés libres de Marseille lui fourniront l'utile concours de leur spécialité, de leurs relations acquises, l'influence de leurs hommes éclairés.

Mais, en dehors de cette intervention morale, elles seront comme de simples locataires du local de l'UNION DES ARTS. L'existence de cette association trouvera des conditions de stabilité dans une activité qui lui sera propre, dans les relations étendues qu'elle se créera, dans l'appui de tous les esprits d'élite qu'elle pourra associer à son œuvre, dans les expositions qu'elle organisera, dans les cours publics qu'elle instituera, dans tous les efforts enfin qu'elle ne cessera de faire pour devenir une association universelle, durable autant qu'utile, vouée partout et toujours au culte et à la propagation des arts et des sciences.

L'UNION DES ARTS ne se bornera pas à recruter ses adhérents dans Marseille, elle y aura son centre, mais son action s'étendra partout où elle pourra atteindre. Les arts et les sciences, comme la religion, n'ont pas de patrie : le monde entier leur appartient.

Partout où les conceptions de l'esprit humain produisent des œuvres dignes d'admiration, partout où un progrès nouveau est réalisé, où une nouvelle merveille de l'intelligence se fait jour, l'UNION DES ARTS fera appel à des illustrations nouvelles; elle ira solliciter les aliments de ses expositions, répandre les lumières de la civilisation française, ou puiser au sein des autres civilisations; l'art et la science constitueront pour elle un véritable sacerdoce dont les missionnaires pourront, comme ceux de la religion, poursuivre partout une œuvre de progrès et de moralisation.

Les hautes et bienveillantes adhésions qui lui ont déjà été données par plusieurs des plus dignes représentants du génie contemporain, ont prouvé à la direction de l'UNION DES ARTS qu'elle pourrait solliciter le concours moral de toutes les notabilités du monde intellectuel. C'est sous leur patronage que cette société est appelée à naître et à grandir ; eux seuls constitueront ses MEMBRES TITULAIRES ; ils seront les Patriciens de cette aristocratie de l'intelligence dont l'union fera la puissance, dont le but sera le progrès.

L'action de l'UNION DES ARTS tendra à se généraliser le plus possible en France, pays où l'instruction et le goût des arts sont déjà si répandus, où les richesses scientifiques et artistiques de tout genre sont si considérables.

Par d'importantes démarches, sa direction s'efforcera de solliciter l'adhésion, dans chaque ville importante, de quelques personnes éclairées qui seront ses CORRESPONDANTS. Grâce à leur active coopération, elle parviendra à associer à son œuvre la nation entière. Il lui sera facile, avec leur aide, d'organiser de belles expositions, d'appeler temporairement à elles les richesses des collections si diverses et si belles que possèdent nos départements.

Il n'y aura société savante, artistique, littéraire et musicale, avec lesquelles elle ne cherche, soit directement, soit par l'intermédiaire de ses CORRESPONDANTS, à établir des relations suivies, à créer des échanges de bonne confraternité, leur collaboration, dans bien des cas, pourra lui rendre de grands services, et, de son côté, elle ne négligera rien pour leur fournir, dans la limite de ses ressources, et de son influence, son plus utile concours.

Si l'exposition permanente qu'elle doit organiser peut créer un noble délassement pour la population éclairée de Marseille, un agrément nouveau, un enseignement continuel pour tous, il n'est pas moins vrai de dire que les artistes trouveront dans cette exposition un sérieux encouragement, un auxiliaire des plus utiles, non seulement par la publicité qui sera ainsi donnée à leurs œuvres, mais encore parce qu'elles pourront y être vendues directement à des prix débattus entre eux et les acheteurs par l'intermédiaire de la direction; une simple commission réglementaire sera prélevée sur le prix de vente en compensation des frais divers faits par la Société.

Amateurs et artistes y trouveront leur compte, parce qu'ils auront la certitude que l'intervention de l'UNION DES ARTS n'a d'autre mobile que l'encouragement artistique.

Nous avons jusqu'ici décrit seulement le but général que poursuit l'UNION DES ARTS, mais nous n'avons rien dit encore de son organisation.

Deux sociétés ont pris naissance à la fois sous cette seule dénomination UNION DES ARTS. Toutes deux inspirées par la même pensée, vouées au même but, mais essentiellement différentes dans leur organisation.

L'une est une société en commandite ayant un gérant responsable, un conseil de surveillance, et se composant par conséquent d'un nombre limité d'actionnaires (1).

Elle doit contribuer à l'encouragement en constituant un capital d'avances destiné à faire face aux premiers frais d'installation du siége de l'Union des Arts; elle crée à la Société, purement intellectuelle, une force plus grande, parce qu'elle peut, grâce à sa constitution légale, faire tels marchés, prendre tels engagements utiles à la cause de l'œuvre, offrir des garanties aux tiers et obtenir ainsi des concessions matérielles qui ne seraient jamais, ou que très-rarement, accordées à une société purement civile.

L'autre, une société morale et intellectuelle, la Societé Union des Arts, vouée exclusivement à l'encouragement des arts et des sciences, trouvant son appui matériel dans la Société en commandite, mais illimitée dans son action comme dans le nombre de ses adhérents, générale dans son œuvre d'encouragement et administrée par un Comité général de direction.

L'organisation administrative de cette Société est plus complexe, mais elle est exonérée de toute préoccupation matérielle.

Six sections forment, en se réunissant, le Comité

(1) Voir les statuts de cette société à la fin de la brochure.

général de direction. Ces sections embrassent l'ensemble des belles-lettres, beaux-arts, musique, sciences morales et sciences physiques.

Une section consultative vient ajouter son action à celle des cinq sections spéciales. Cette section se compose de membres choisis parmi les notabilités les plus éclairées de la haute société de Marseille ; c'est elle qui sera appelée à mettre en œuvre les décisions des sections spéciales, à diriger leurs travaux dans le sens qui conviendra le mieux aux éventualités du moment, à organiser les fêtes de l'association, à faire les démarches auprès des autorités locales, à établir enfin une continuelle harmonie entre les décisions des sections spéciales et les exigences du monde social. Cette section sera nécessairement plus nombreuse que les autres.

Chacune d'elles aura à accomplir une mission parfaitement définie par les statuts généraux de l'association, lesquels sont élaborés en ce moment, pour être soumis, bientôt, à l'approbation du Comité général, qui sera appelé à juger toutes les questions d'ensemble (1).

Les travaux des diverses sections convergeront vers le Secrétariat général dont la direction appartiendra au directeur gérant de la Société en commandite, afin qu'une constante harmonie puisse exister entre le côté matériel et foncier et le côté

(1) Les Statuts particuliers à chaque section seront ultérieurement publiés.

purement intellectuel, l'un ne pouvant fonctionner sans l'autre.

C'est du secrétariat général qu'émaneront toutes les pièces relatives à la direction, toutes les convocations des sections en réunions générales; c'est par ses soins que seront réparties aux secrétaires des sections les communications diverses, que seront exécutées toutes les décisions du comité général, auquel appartiendra la présidence collective de la grande association. Lors des assemblées du comité, un des six présidents sera désigné pour présider la réunion, fonction que chacun d'eux pourra remplir tour à tour.

Bien que l'on comprenne aisément quel sera le rôle des sections diverses dont l'ensemble constituera la direction générale de la Société, nous demandons la permission d'entrer à ce sujet dans quelques détails.

Nous avons dit, plus haut, que l'UNION DES ARTS, dans le but de généraliser son œuvre, d'étendre son action, de faire de la France entière son champ de développement, s'efforcerait de créer des CORRESPONDANTS dans chaque centre important de l'Empire.

Ces CORRESPONDANTS seront appelés à venir en aide à la direction lors des expositions diverses; ils serviront de trait d'union entre elle et les sociétés savantes ou artistiques de leurs départements; ils lui signaleront les hommes éminents qui seraient dignes d'être admis au nombre des membres titulaires; ils auront à l'informer de tous les faits nouveaux, de toutes les applications utiles qu'il y aura lieu de faire connaître, de répandre à l'aide de la publicité dont disposera l'UNION DES ARTS; ils auront à désigner les savants ou artistes dignes d'intérêt auxquels la Société pourrait affecter, sur sa caisse de secours, telle allocation annuelle, auxquels elle pourrait avancer les sommes nécessaires à la publication d'œuvres remarquables dont elle pourrait faire connaître les inventions par ses bulletins, ses expositions, ses séances publiques, etc.

Toutes ces indications parviendront directement au secrétariat général qui les répartira entre les sections, lesquelles, dans leurs réunions particulières, jugeront les divers cas présentés, décideront après mûr examen, s'il y a lieu d'admettre tel titulaire, d'allouer tel secours.

L'ensemble de leurs décisions sera soumis ensuite à la sanction du Comité général de direction qui prononcera en dernier ressort.

Chacune des sections, en dehors des éléments d'activité qu'elle trouvera dans Marseille même, au centre de l'association, aura des rapports continuels avec les CORRESPONDANTS français et étrangers.

Leurs rapports avec les sociétés savantes ou artistiques de Marseille pourront avoir lieu par l'intermédiaire d'un syndicat des sociétés.

Ce syndicat aurait à s'occuper de toutes les questions relatives à l'intervention des sociétés dans telle ou telle circonstance, il réglerait l'usage des salles communes dans le local de l'UNION DES ARTS, il concentrerait, dans tous les cas d'ensemble, l'action des sociétés qui, chacune, y seraient représentées par quelques délégués.

Grâce à ce syndicat, l'unité d'action ferait de nouveaux progrès et les résultats atteints par suite de cette union n'auraient que plus de force et d'utilité.

V.

Création dans le siége de l'UNION DES ARTS d'une Bibliothèque universelle, d'un Laboratoire de Photographie. — BULLETIN DE L'UNION DES ARTS.

A propos des dispositions intérieures du siége de l'Union des Arts, nous sommes entré dans quelques détails relatifs à l'Exposition permanente d'œuvres artistiques et scientifiques; nous avons passé en revue les divers avantages qu'une grande salle bien aérée et éclairée dans les meilleures conditions de lumière pourrait offrir aux sciences naturelles, et spécialement à l'horticulture.

Nous avons indiqué l'existence, dans ce local, de salles de réunion pour les séances des diverses sociétés, pour des cours publics, des dépendances diverses. Il nous reste à dire encore qu'une bibliothèque littéraire, scientifique, artistique et musicale y sera créée et organisée par l'Union des Arts; bibliothèque qui se composera des achats faits par la société, comme aussi des hommages que voudront bien lui adresser les auteurs ou éditeurs des ouvrages contemporains.

Les adhérents de l'Union des Arts auront accès dans cette bibliothèque, ainsi que dans la salle d'Exposition ; avantage que nulle autre société ne pourrait offrir comme celle qui nous occupe, tant seront nombreuses ses relations, tant sera multiple son œuvre, tant sera grande la variété des éléments divers auxquels elle demandera ses moyens d'action.

Cette bibliothèque s'enrichira de toutes les publications périodiques traitant des événements de chaque jour, des faits intéressants relatifs aux arts et aux sciences.

Il est une autre création qui ne laissera pas que d'avoir aussi son importance, et qui contribuera beaucoup à fournir à l'Union des Arts des éléments d'activité et de développement, tout en complétant son œuvre : c'est la création, dans son local, d'un laboratoire photographique.

Quelques mots nous suffiront pour donner une idée des résultats utiles qu'est appelé à produire ce laboratoire.

Il permettra de créer un catalogue, dessiné par la lumière, de toutes les œuvres remarquables admises dans l'Exposition permanente, des toiles des maîtres, des beaux morceaux de sculpture, comme aussi des gravures dues à des burins célèbres, et en un mot, de tous les objets intéressants relatifs à l'art ou à la science.

Ce laboratoire ne sera pas seulement un utile auxiliaire de l'Exposition permanente, il permettra aux adeptes de l'art nouveau de trouver là, sous les auspices d'une société compétente, et sous la direction d'un opérateur habile, des conseils élémentaires joints à la pratique expérimentale des procédés.

Les amateurs de l'art photographique trouveront dans ce laboratoire des ressources infinies de tout genre, qui leur permettront de se livrer à la pratique de cet art suivant leurs loisirs, et sans être rebutés par tous les ennuis et insuccès qu'entraîne naturellement l'obligation où l'on est de faire soi-même tout le travail matériel.

Nettoyage des glaces, préparation des produits combinés ou mélangés, des papiers ou glaces sensibles, développement des négatifs, tirage et fixage des épreuves positives, grandissements, toutes ces opérations qui appartiennent au côté matériel, purement mécanique de l'art, seront exécutées dans le laboratoire de l'Union des Arts, sous une direction éclairée, soucieuse surtout de l'extension et des progrès de l'art.

Toute garantie sera inspirée aux amateurs de l'art photographique qui, voyant s'applanir ainsi les principales difficultés matérielles de cet art intéressant, dégagés désormais de l'ennui de bien des opérations délicates et salissantes, pourront faire réellement de l'art pour l'art, et se préoccuper seulement du choix et de l'éclairage des modèles ou des sites qu'ils auront à reproduire.

Il est hors de doute que, grâce à une organisation de ce genre, bien des personnes pourront se livrer avec succès à la pratique de l'art photographique, qui ne l'auraient jamais pu dans les conditions actuelles. Un laboratoire organisé comme le sera celui de l'Union des Arts, n'existe nulle part encore, il constituera une des plus belles et des plus utiles créations dues à cette Société.

Ce laboratoire permettra aux diverses commissions de la Société photographique de faire, dans un lieu banal, bien disposé, desservi par plusieurs opérateurs, leurs essais de procédés ou d'appareils.

Toutes les communications adressées à la section des sciences, relatives à des faits dont l'expérimentation devra être contrôlée, répétée, démontrée, trouveront un utile auxiliaire dans ce laboratoire, installé et pourvu de manière à suffire à toutes les études ou recherches de la physique et de la chimie.

Une publication spéciale sera le corollaire indispensable de la création dont nous venons d'indiquer le plan général.

Cette publication enregistrera tous les faits nouveaux relatifs aux opérations de l'Union des Arts, tels que : mouvement de l'Exposition permanente, communications adressées aux diverses sections, admission des nouveaux membres, procès-verbaux des séances diverses, analyses des cours publics, tous avis ou réglements concernant l'administration de la Société, les ouvrages divers achetés ou offerts, en un mot, l'œuvre entière de l'Union des Arts, et aussi tout ce qui, dans le domaine intellectuel, pourra offrir un véritable intérêt.

Le Bulletin de l'Union des Arts sera illustré dès que les ressources le permettront.

Cette publication formera le digne complément du plan d'ensemble de la nouvelle association.

Centre unique offert aux diverses sociétés libres d'encouragement de Marseille ;

Inauguration d'une Exposition permanente de peinture, sculpture, objets d'arts et de science ;

Grande salle de réunion pour des concerts, des auditions diverses, des *lectures*, des cours pratiques, etc.;

Relations les plus étendues ;

Patronage de toutes les notabilités de l'intelligence ;

Correspondants créés partout, en France et au dehors ;

Continuels efforts en vue de contribuer au progrès et au développement des arts et des sciences ;

Avantages instructifs, nobles délassements de tout genre, offerts aux membres de la grande association ;

Création d'une bibliothèque d'ouvrages modernes et de collections diverses;

Organisation d'un laboratoire photographique, destiné à fournir à l'Exposition un utile complément, à procurer aux amateurs de l'art nouveau des ressources qu'ils ne pourraient trouver nulle part actuellement;

Publication d'une feuille périodique, ayant pour objet de porter partout, et à la connaissance de tous les actes de l'UNION DES ARTS, tous les faits nouveaux ou utiles intéressant les arts et les sciences.

Tel est le résumé des opérations et tentatives qui font l'objet du plan général à la réalisation duquel doit travailler l'UNION DES ARTS avec l'aide de Dieu et l'appui de tous.

VI.

Voies et moyens à l'aide desquels l'UNION DES ARTS doit accomplir son œuvre.

Le résumé qui précède, pour être bref, n'en contient pas moins l'ensemble d'un plan des plus vastes ; sa réalisation serait certainement impossible en l'état des ressources actuellement consacrées chaque année, dans Marseille, à l'encouragement artistique ou scientifique ; aussi, ne comptons-nous pas sur ces seules ressources.

En nous attachant à la recherche de nouveaux aliments d'activité, nous avons dû nous préoccuper des moyens matériels à l'aide desquels nous pourrions atteindre notre but, nous avons dû acquérir la conviction que l'Union des Arts pourrait réaliser ses idées d'amélioration ou d'innovation.

La Société en commandite, dont nous avons indiqué déjà la création, doit suffire aux dépenses de la transformation du local, aux premiers frais de son installation. Son capital, réparti en actions de cent francs chacune, n'est qu'un capital d'avances, qui sera intégralement remboursé sur les bénéfices, aux actionnaires fondateurs de la grande famille intelligente de l'UNION DES ARTS.

Le tiers seulement des actions sera versé dès la constitution définitive de la Société, et les deux autres tiers un mois après l'appel du gérant.

Ces actions ne porteront aucun intérêt, mais les actionnaires, comme FONDATEURS DE L'UNION DES ARTS, jouiront de l'entrée gratuite dans les expositions et bibliothèques de la Société ; ils jouiront, en sus, de toutes les prérogatives que la Société pourra leur accorder suivant les circonstances et en raison de sa prospérité.

Sur les profits réalisés, une moitié sera, dès le début, prélevée, sauf décision contraire de l'Assemblée générale, pour être affectée au remboursement des actions par tiers et au tirage au sort ; l'autre moitié constituera le fonds de réserve de l'UNION DES ARTS.

A l'expiration de la Société, l'Assemblée générale règlera l'emploi qui devra être fait de ce fonds de réserve, après la liquidation définitive ; si le succès a couronné les efforts de la Société, il sera alors temps de décider s'il ne conviendrait pas d'accroître l'importance de son installation, de transporter son siége dans un local plus complet et plus vaste, de tendre enfin, mais avec les données certaines d'une pratique de quelques années, vers la réalisation d'un véritable PALAIS DES ARTS, d'un temple monumental digne de l'œuvre, en rapport avec ses progrès, et propre à toutes les heureuses combinaisons de l'avenir.

Puisque nous avons prononcé le mot bénéfice, il

est urgent que nous donnions à nos lecteurs un aperçu des moyens par lesquels la Société espère arriver à couvrir ses dépenses annuelles ; ces dépenses, bien que minimes, comparées à la grandeur morale de l'œuvre, au nombre des résultats utiles qu'elle est appelée à produire, ne laisseront pas que d'être assez importantes en elles-mêmes.

Énumérons donc les recettes probables sur lesquelles sont établis nos calculs :

Les sociétés diverses paieront à titre de loyer une somme qui couvrira près de la moitié du loyer total de l'Union des Arts, soit huit mille francs environ; les droits d'entrée à l'exposition permanente produiront, d'après les données fournies par l'expérience de faits analogues, d'après le nombre des étrangers journellement de passage à Marseille, une somme d'environ vingt mille francs au moins, somme qui pourra graduellement s'élever jusqu'à quarante mille francs, si nos prévisions relatives à l'exposition permanente se réalisent ; pour qu'il en soit ainsi, la direction générale ne cessera de déployer la plus grande activité et elle obtiendra certainement des résultats bien inattendus.

En sus du casuel, c'est-à-dire des sommes résultant des entrées payées par les visiteurs étrangers ou marseillais la caisse sociale compte sur les abonnements de dix francs, qui donneront droit d'entrée à l'exposition pendant l'année entière.

L'ensemble de ces abonnements, comme aussi celui des sommes perçues sur les membres fréquentant dont la quotité annuelle sera de vingt francs, permettront assurément, grâce à certaines combinaisons, de réaliser une somme totale de dix mille francs au moins dès la première année et de vingt ou trente mille francs plus tard, chiffre que nous espérons voir s'élever dans une proportion bien plus grande encore après la solution de quelques difficultés matérielles que l'Union des Arts espère pouvoir bientôt applanir.

Les Correspondants français et étrangers seront tenus à une faible subvention annuelle de dix francs en échange de laquelle ils recevront certains priviléges spéciaux, le Bulletin de l'Union des Arts, etc. Le total des quotités fournies par les Correspondants ne pourra que s'accroître; nous en limitons la moyenne à vingt mille francs.

Le minime prix d'entrée aux diverses séances publiques, les commissions règlementaires prélevées sur toutes les ventes faites par la Société, les abonnements au Bulletin, les bénéfices assez considérables que doit produire le laboratoire de photographie, le profit des ventes aux enchères d'objets d'art ou de science, organisées par les soins de la direction, créeront un ensemble de ressources qui, annuellement, pourra atteindre la somme de quinze à vingt mille francs, chiffre qui, assurément, ira croissant avec le temps.

Une grande loterie artistique annuelle pourra être organisée avec l'autorisation du Gouvernement et avec le concours des diverses sociétés d'encouragement; grâce aux nombreux Correspondants de l'Union des Arts la distribution des billets de cette loterie, à cinquante centimes chacun, pourra s'effectuer rapidement tout en se généralisant beaucoup ; un bénéfice annuel de dix à vingt mille francs devra être la conséquence de ce tirage.

Rapprochant les recettes probables que nous venons d'énumérer, nous trouvons, en les réduisant à une moyenne d'un minimum exagéré :

Loyer des diverses sociétés	F. 8,000
Entrées à l'exposition permanente...	25,000
Abonnements, quotités des fréquentants, des correspondants français et étrangers..................	20,000
Entrées aux séances diverses, ventes aux enchères, abonnements au bulletin, commissions de vente, produits du laboratoire de photographie.........................	10,000
Grande loterie annuelle...........	12,000
Total.....	F. 75,000

Soit une somme de 70 à 80,000 francs, qui, dans nos prévisions, pourra s'accroître beaucoup.

Un avenir prochain prouvera ce que nous ne craignons pas d'affirmer dès maintenant.

Les dépenses annuelles qu'il est difficile de prévoir d'une manière très-précise peuvent pourtant être évaluées avec une certaine approximation.

Contrairement à ce que nous avons fait pour les

recettes, nous allons exagérer les dépenses probables :

Loyer, y compris l'intérêt de la somme dépensée pour la transformation du local, pour le mobilier, l'éclairage au gaz, eaux, assurances, impositions.	F. 20,000
Personnel : Secrétaire agent, commis, opérateurs-photographes, concierge, garçons de recettes...	10,000
Prix de transports divers, de publicité, bureaux, laboratoire de photographie, imprévu............	20,000
Soit...........	F. 50,000

qui représentent le maximum des dépenses annuelles.

Cette somme, nous l'espérons, ne pourra pas être beaucoup dépassée par la suite.

La plus grande économie régnera dans les opérations de l'Union des Arts qui ne donnera de l'extension à son installation qu'au fur et à mesure que le succès croissant le lui permettra.

D'après cet aperçu approximatif, il est aisé de voir que, si les dépenses annuelles peuvent s'élever à un maximum de 50,000 francs, les recettes, pour une somme égale de dépenses, peuvent s'accroître dans une proportion très-grande, et constituer un bénéfice annuel important bien suffisant, non-seulement pour amortir le capital d'avances, mais encore pour créer un fonds de réserve assez considérable.

Notre zèle et notre activité en vue d'un résultat aussi heureux, objet de toute notre ambition, ne se démentiront jamais. Nous comprenons trop bien quelle serait la conséquence morale de ce succès matériel. L'encouragement artistique deviendrait alors digne de Marseille, et il serait à même de produire de grands bienfaits au double point de vue de l'intérêt réel de l'art et des artistes, du progrès des sciences et de l'agrément de tous.

Que chacun veuille un peu avec nous! La force de tant de volontés réunies, en nous aidant, à surmonter toutes les difficultés de notre mission assurera, au-delà de toute prévision, le succès de nos efforts.

VII.

Conclusion.

Vu la longueur de cet exposé, nous avons cru devoir, avant d'arriver à son terme, résumer partiellement les détails divers du plan d'ensemble dont il contient la description.

Ce plan, dont nous n'avons voulu donner qu'une simple esquisse, indique seulement des idées générales dont chacune devrait avoir son chapitre ; mais l'intelligence de nos lecteurs suppléera à l'absence d'une foule de détails qui nous auraient entraîné dans de trop longs développements.

Quel était notre but en résumé?

Démontrer, d'une part, l'état d'insuffisance des ressources actuelles de nos sociétés libres d'encouragement.

D'autre part, expliquer comment on pourrait remédier à cet état de malaise et combler bien des lacunes qui existent dans l'encouragement artistique à Marseille.

Exposer alors notre projet d'une vaste association sous le nom UNION DES ARTS destinée à accomplir l'œuvre de concentration et d'amélioration de nos sociétés diverses.

Le projet de cette création, déjà en voie d'accomplissement, nous l'avons décrit dans tout son ensemble, en passant successivement en revue chacune des œuvres spéciales que se propose de réaliser l'UNION DES ARTS. Nous allons résumer encore une fois, mais plus généralement, tous les faits que nous avons énumérés dans les pages qui précèdent.

Le but de cette association a été défini : créer à Marseille un centre d'action intellectuelle dirigé par une commission générale ; cette commission subdivisée en sections spéciales et comptant dans son sein des représentants de tous les arts libéraux, de toutes les sciences physiques et morales.

L'UNION DES ARTS étendant partout son œuvre de développement et de propagation, sollicitant le patronage de toutes les illustrations du monde intellectuel nommées MEMBRES TITULAIRES de l'association, créant en France et au dehors des CORRESPONDANTS.

Ces CORRESPONDANTS devant servir, dans chaque ville, d'intermédiaires entre les hommes spéciaux, les possesseurs de collections diverses, les auteurs ou éditeurs, les artistes ou savants.

Sur leurs indications spéciales, les sections proposant l'admission des MEMBRES TITULAIRES, apportant tel concours utile aux diverses sociétés d'encouragement, favorisant par les voies de la publicité telle œuvre remarquable, allouant sur la caisse de secours de l'association telle subvention aux artistes ou savants qui en seraient dignes.

Nous avons montré l'UNION DES ARTS s'efforçant de concentrer en un local unique les diverses sociétés libres d'encouragement de Marseille ;

Leur offrant, tout le concours d'une organisation complète, à la fois morale et matérielle ;

Complétant leur œuvre, leur créant les relations, la publicité dont elles sont privées, leur organisant des salles d'exposition et de réunion, des secrétariats, bibliothèques et laboratoires qu'elles ne pourraient jamais posséder à l'aide des ressources trop limitées dont elles peuvent disposer, dans leur état actuel d'isolement.

Le mécanisme des deux sociétés morale et matérielle comprises sous cette seule dénomination : UNION DES ARTS, a été décrit dans ses principaux rouages ; l'une des deux associations ayant pour but d'aider l'autre, la matière unie à l'intelligence en vue d'une action complète.

Nous avons indiqué la situation du local provisoire destiné à devenir le siége de l'UNION DES ARTS et les affectations spéciales auxquelles il est propre ;

Une exposition permanente de peinture, sculpture et objets d'arts ou de sciences y sera inaugurée.

Une bibliothèque d'ouvrages modernes y sera créée.

Des cours publics, des *lectures*, des concerts, des auditions diverses y seront organisés.

Une publication périodique sous le nom de BULLETIN DE L'UNION DES ARTS sera l'organe immédiat de l'association.

Des laboratoires spéciaux seront affectés aux opérations physiques, chimiques et photographiques.

Des ventes au profit des artistes ou des savants, des loteries annuelles seront pour l'œuvre d'ensemble, des éléments de ressources et des aliments d'activité.

Tout, en un mot, sera tenté en vue de l'amélioration et du développement de l'encouragement artistique, en vue de la propagation des œuvres de l'intelligence et du culte du beau.

Tel est en quelques mots le but vers lequel tendront les efforts incessants de l'Union des Arts.

Il ne nous appartient pas de faire le panégyrique d'une création à laquelle nous avons pris une grande part; mais il nous est bien permis de rêver un avenir artistique digne des hautes destinées de Marseille, et de tenter, à l'aide de nos faibles moyens, la création, dans son sein, d'une œuvre qui serait de nature, en réalisant nos rêves, à ajouter à sa splendeur actuelle, à la faire briller, par le culte de l'art, au premier rang des cités intelligentes. La tâche que nous nous sommes imposée est immense, elle est écrasante; nous en avons senti tout le poids dès le premier jour où nous avons conçu cette idée, et où notre amour pour la France, et pour notre ville, nous a inspiré la volonté ferme et immuable de transformer le rêve en réalité, en cherchant dans notre cœur et dans l'appui de tous, une force proportionnée à un pareil fardeau.

Nous n'avons reçu que des marques d'assentiment de la part de toutes les personnes intelligentes et éclairées à l'attention desquelles notre projet a été soumis.

Des témoignages d'une sympathie réelle l'ont accueilli partout où il a été connu. Aussi, notre ardeur a-t-elle puisé, dans cette approbation générale, des forces plus grandes encore.

Si notre courage a pu paraître téméraire à quelques-uns, en vue de notre faible pouvoir comparé à l'immensité de l'œuvre, s'ils ont pu, tout en souhaitant la réalisation de nos projets, craindre que nous fussions le jouet de vaines illusions, c'est qu'ils ont douté de l'amour qu'on a en général pour les belles choses, de l'émulation et de l'entraînement qu'excite toute pensée grande et généreuse; c'est qu'ils ont méconnu la valeur morale de la population marseillaise, en la croyant impropre aux choses de l'intelligence : ils n'ont vu que la surface sans faire pénétrer leurs regards jusqu'au fond.

Notre confiance en nos concitoyens a été plus grande et plus digne d'eux. C'est sur eux surtout que nous avons compté en entreprenant une aussi vaste création. Nous avons cherché, nous cherchons notre force là où quelques-uns voient notre faiblesse.

Et en effet, quel est l'habitant de Marseille, quelqu'épris qu'il soit du bien-être matériel, quelqu'occupé, absorbé qu'il soit par les affaires commerciales, quelqu'oisif et ignorant qu'il puisse être, qui se refuserait à faire des vœux pour l'heureux accomplissement des projets de l'Union des Arts; qui penserait seulement à admettre que l'on ne doit pas encourager hardiment toute tentative ayant pour but de doter Marseille d'un centre d'action intellectuelle, d'élever dans son sein un temple au culte du beau, de faire mieux à l'aide du bien, de grouper dans une même famille des intelligences éparses, des hommes éclairés, dont le commun accord peut amener tant de résultats utiles, tant de bienfaits nouveaux ?

Qui, parmi nous, aurait l'idée de dire qu'une Exposition permanente des œuvres des maîtres, des conceptions artistiques et scientifiques de l'esprit humain, ne serait pour Marseille une belle et utile chose ; que cette création ne pourrait être féconde en agréments et en ressources de tout genre ?

Qu'une association qui naît et se développe sous le patronage de toutes les notabilités intellectuelles, n'est pas appelée à acquérir une influence morale considérable sur les destinées des arts et des sciences, surtout quand cette association a son centre dans une grande et somptueuse ville comme Marseille, où tant de ressources matérielles, tant d'éléments, d'activité divers peuvent venir en aide à l'esprit, où les tendances sont si généreuses, les vocations artistiques et scientifiques si nombreuses, où la nature a prodigué toutes ses richesses, où la civilisation a fait de si belles conquêtes, où tout, enfin, conspire en faveur du culte du bien, du beau et du bon.

Nos prévisions se sont réalisées, et notre foi dans le succès de nos efforts est plus que jamais absolue aujourd'hui, surtout, car à la sympathie générale de tous est venu se joindre l'appui d'un grand nombre d'hommes éminents de notre ville qui, animés d'une noble ardeur en vue de l'avenir intellectuel de Marseille, ont bien voulu croire au succès de notre création, et compter comme nous sur le concours empressé des nombreux adhérents qu'elle entraînera à sa suite..

Leur confiance nous flatte et nous honore autant qu'elle nous rend fort; aussi ne reculerons-nous devant aucune difficulté, devant aucun sacrifice pour nous en montrer digne.

En créant un centre d'action intellectuelle à Marseille, la Société UNION DES ARTS croit donner un exemple qui sera imité par les autres grandes villes de la France et de l'Europe; son but n'est pas de centraliser en décentralisant, mais surtout d'élever un temple à l'art, au sein d'une population instinctivement vouée à l'amour de tout ce qui est beau.

Le local *provisoire* dont elle peut disposer aujourd'hui va bientôt être transformé, et lui permettre de débuter dans sa voie de progrès; mais ce n'est là qu'un simple commencement; si nos vœux se réalisent, un palais monumental pourra bientôt succéder à ce temple modeste en s'harmonisant avec les splendides monuments que notre municipalité va élever pour y établir ses musées, sa bibliothèque et ses collections.

Nous disons, *bientôt*, peut-être ferions-nous mieux de dire, *un jour*, car il est telles difficultés matérielles que l'on ne peut surmonter qu'à l'aide de ressources considérables et avec le concours des plus heureuses circonstances ; quoi qu'il en soit, nous espérons prouver au moins *bientôt*, qu'à l'aide d'une persévérance opiniâtre, d'une activité sans bornes et des efforts les plus incessants, nos Sociétés libres pourront avoir *un jour* leur siége au sein d'un palais de l'UNION DES ARTS, digne de leur œuvre d'encouragement, digne de Marseille.

Si nous n'avons pas craint d'entreprendre une œuvre aussi difficile que celle de l'UNION DES ARTS, c'est que nous avons eu, dès le début, cette ferme conviction, qu'à l'appui de nos concitoyens, se joindrait celui du Gouvernement éclairé de l'Empereur, qui sait si bien encourager tout ce qui peut contribuer à faire briller de quelques rayons nouveaux la gloire et la splendeur morale de la France.

Nous avons aussi compté sur le bienveillant concours que nous prêterait le magistrat, si éclairé et si dévoué aux arts, qui est placé à la tête de notre département ; tout ce qu'il a fait pour améliorer le sort des arts dans Marseille, nous prouve que son appui ne nous fera pas défaut, et qu'il aura à cœur de voir naître et prospérer, sous son administration, une œuvre, sans égale encore dans la France entière.

C'est seulement avec l'espérance, la certitude même de rencontrer partout, appui et sympathie, que nous avons osé croire un peu à nos propres forces, que nous avons eu foi dans l'heureuse issue de nos tentatives, et dans le pouvoir de notre opiniâtre volonté.

Nous aurons atteint le faîte de notre plus chère

ambition, le jour où le succès aura couronné tous nos efforts, où nous aurons la douce satisfaction d'avoir contribué, pour notre part, à la réussite des projets de l'UNION DES ARTS, où nous verrons le culte du beau en honneur dans Marseille, où sera accomplie, enfin, l'œuvre d'encouragement et de régénération artistiques à laquelle nous nous sommes si ardemment voué, avec l'aide de tous les cœurs généreux, de tous les esprits éclairés qui, accourant se grouper en foule autour de l'étendard du beau que nous venons d'arborer, auront répondu à notre cri de ralliement :

L'UNION FAIT LA FORCE !

LÉON VIDAL.

Marseille, le 1er juillet 1862.

UNION DES ARTS

A MARSEILLE

STATUTS

DE LA

SOCIÉTÉ EN COMMANDITE

Article premier.

Une société en commandite est formée entre Monsieur LÉON VIDAL, négociant, d'une part, et tous ceux qui adhèreront au présent acte, par la prise d'une ou de plusieurs actions, d'autre part.

Cette Société a pour objet l'encouragement, sous toutes les formes et par tous les moyens dont elle pourra disposer, de la peinture, de la musique, et en général, des arts et des sciences.

Pour atteindre son but, elle se propose d'installer un local susceptible de devenir le *siége unique*, le lieu de réunion et d'exposition des diverses sociétés d'encouragement de Marseille, et de réunir en un seul faisceau, dans ce centre commun, tous les hommes voués au culte et à la propagation des arts et des sciences.

Art. 2.

La Société sera en nom collectif à l'égard de M. Léon Vidal, qui sera seul responsable.

Tous les autres actionnaires seront simples commanditaires, et comme tels ne pourront être recherchés ni tenus au delà du montant de leurs actions.

Art. 3.

La Société prend le titre de Société *Union des Arts*.

La raison et la signature sociales seront Léon Vidal et Ce.

La Société pourra faire les formalités pour se transformer en Société anonyme.

Art. 4.

Le siége de la Société sera à Marseille.

Art. 5.

La Société commencera le jour de sa constitution définitive, sa durée sera de douze ans.

Art. 6.

Le fonds social sera de 100,000 francs, divisés en actions de cent francs chacune, remboursables pendant la durée de la Société.

Art. 7.

Les actions ne produiront pas d'intérêt, mais, en compensation, donneront à chaque actionnaire le droit d'entrée à l'Exposition permanente de peinture, sculpture et objets d'art, organisée dans le local de la Société; le droit de fréquenter, en dehors des heures réservées au public, les bibliothèques et salons de la Société; ils auront le titre de *fondateurs de l'*Union des Arts.

Les noms des *fondateurs* seront gravés sur une plaque de marbre placée dans la grande salle d'Exposition.

Art. 8.

M. Léon Vidal aura la gestion et l'administration de la Société. Il ne pourra faire usage de la signature sociale que pour les affaires de la Société.

Il fera tous traités et marchés relatifs aux affaires de la Société.

Il nommera à tous les emplois, remplacera et révoquera tous les employés et préposés.

Il traitera avec les diverses sociétés ou avec les particuliers de leur admission dans le local.

Il fixera la rétribution à exiger des visiteurs pour droits d'entrée à l'exposition permanente et aux séances publiques. Il fera tous règlements relatifs au service intérieur et à la bonne police du local.

Art. 9.

Un conseil de surveillance recevra, tous les six mois, les comptes de gestion et en donnera décharge au Gérant, s'il y a lieu.

Ce conseil se compose de :

MM. Darier, Emile.
Fraissinet, Adolphe.
Pichaud, Maximilien.
Rabaud, Alfred.
Rostand, Charles.

Leurs fonctions dureront une année; ils seront renouvelés par tiers à la fin de chaque année.

Les membres sortants seront désignés par le sort les deux premières fois, et ensuite par rang d'ancienneté et remplacés par l'Assemblée générale des actionnaires.

Ils pourront être réélus.

Art. 10.

M. Léon Vidal renonce à tout droit de gérance.

En cas de retraite de M. Léon Vidal, l'assemblée générale serait appelée à fixer les droits du nouveau Gérant, s'il y a lieu.

ART. 11.

Les actionnaires verseront la mise de fonds, savoir : un tiers le jour où la Société aura été définitivement constituée, et les deux tiers en deux versements, un mois après l'appel du Gérant.

ART. 12.

Les bénéfices nets seront affectés moitié au remboursement du capital, et l'autre moitié, à la création d'un fonds de réserve, dont l'emploi sera réglé par l'assemblée générale.

Le remboursement des actions aura lieu par tiers et par la voie du tirage au sort.

L'actionnaire qui aurait reçu les deux tiers ne pourra participer aux tirages suivants, et il ne recevra le dernier tiers qu'à l'expiration de la Société.

ART. 13.

Les actions seront nominatives, elles seront inscrites par numéros d'ordre de un à mille, et seront revêtues de la signature du Gérant et de celle d'un membre du conseil de surveillance, spécialement désigné à cet effet par le conseil.

Elles seront extraites d'un registre à souches et transmissibles par voie d'endossement, le souscripteur étant tenu jusqu'à la libération.

L'endossement, pour être valable, devra être présenté au Gérant, qui le visera, et qui mentionnera la mutation sur un registre spécial à ce destiné.

Le mandat, pour cette opération, pourra être donné par une simple lettre missive.

ART. 14.

Des écritures régulières seront tenues par le Gérant.

Art. 15.

Il y aura tous les ans, une assemblée générale des actionnaires, convoqués à la diligence du Gérant, qui rendra compte de sa gestion durant l'année écoulée.

Tout actionnaire aura droit de faire partie de l'assemblée générale où il n'aura qu'une voix, quel que soit le nombre de ses actions.

Art. 16.

A la dissolution de la Société, le Gérant procédera à la liquidation, il vendra aux mieux des intérêts, les meubles et immeubles appartenant à la Société.

Après la liquidation, le paiement de toutes les dettes et du montant des actions étant effectué, l'assemblée générale réglera l'emploi du solde.

Art. 17.

La société ne reconnaît aucun fractionnement d'action; les héritiers ou ayant cause d'un actionnaire devront s'entendre pour faire exercer leurs droits collectivement par un seul d'entre eux.

Art. 18.

En cas de décès d'un associé commanditaire, la société continuera de la même manière avec ses héritiers ou représentants, sans que ceux-ci puissent provoquer aucun inventaire, ou mise de scellés; ils seront tenus de s'en rapporter, pour ce qui les concerne, aux comptes présentés et approuvés dans la forme indiquée art. 9.

En cas de décès ou de démission du gérant, la commission pourvoira provisoirement à son remplacement jusqu'à la première assemblée générale.

Art. 19.

Les conditions ci-dessus, sont obligatoires non seulement pour le Gérant, mais pour ceux qui adhéreront aux présents statuts, par la prise ou possession d'une ou plusieurs actions, ainsi que pour leurs héritiers ou ayant cause, lors même qu'ils seraient incapables.

ART. 20

La constitution définitive résultera d'une déclaration faite par le Gérant par acte authentique, après que le capital aura été complètement souscrit.

Dès la constitution de la société, les présents statuts devront être approuvés par l'assemblée générale qui règlera aussi toute modification qui leur serait apportée ultérieurement.

ART. 22.

Le présent acte de société sera tenu à la disposition de tout actionnaire, et publié aux formes de droit.

NOTA.

Les personnes qui désireraient contribuer à la formation du capital ou avoir n'importe quels renseignements relatifs à l'association, sont priées d'écrire *franco* à M. Léon VIDAL, Directeur-Gérant de l'UNION DES ARTS, rue Mazagran, 2.

La gérance et le secrétariat-général seront transférés au siége de l'UNION DES ARTS, Allées de Meilhan, 54, dès l'achèvement des travaux de transformation, vers le mois de novembre.

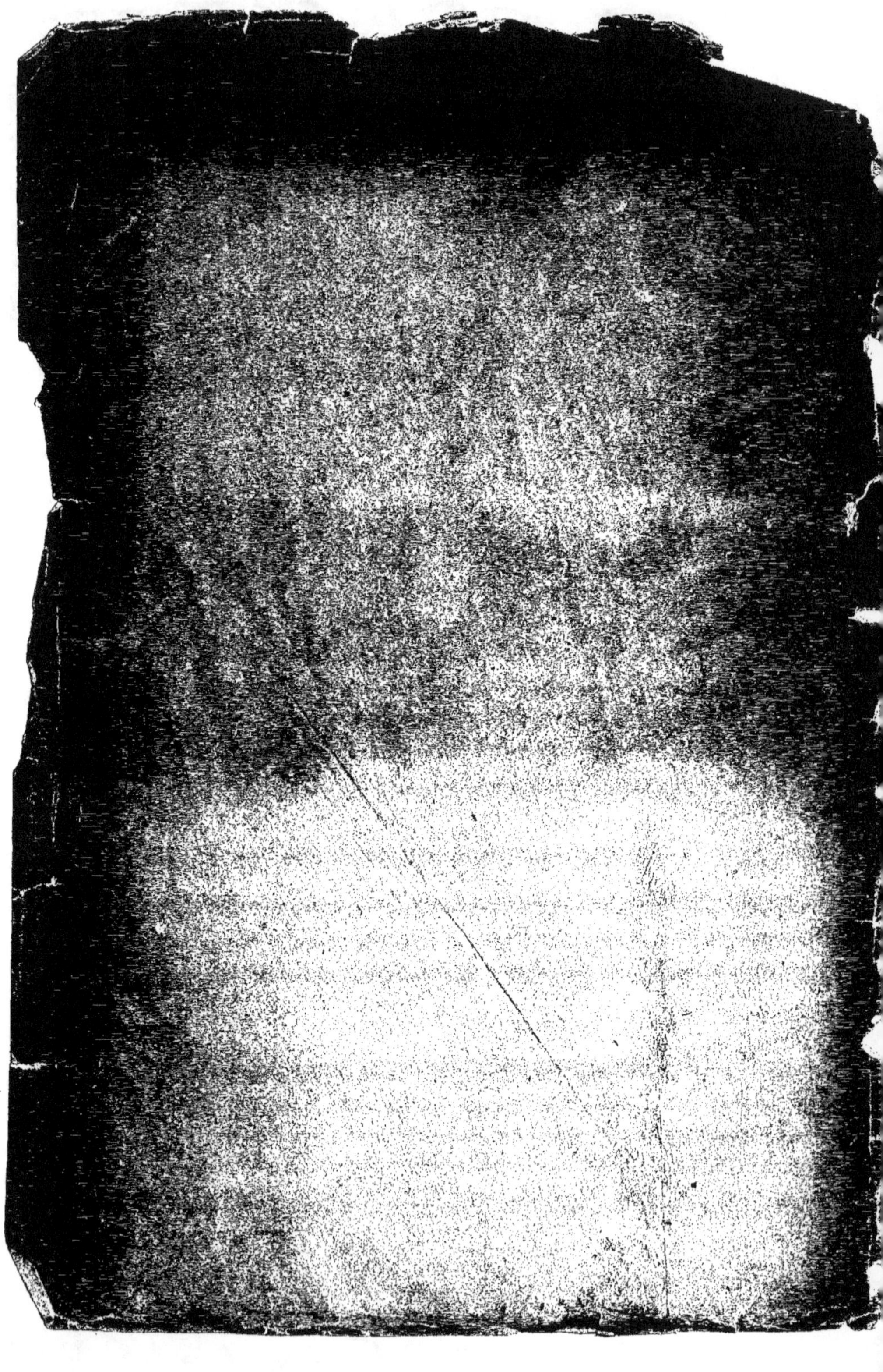

www.ingramcontent.com/pod-product-compliance
Lightning Source LLC
LaVergne TN
LVHW010622110826
845149LV00003B/1007

* 9 7 8 2 0 1 1 3 1 0 1 8 7 *